Dziennik ogrodniczy

To należy do:

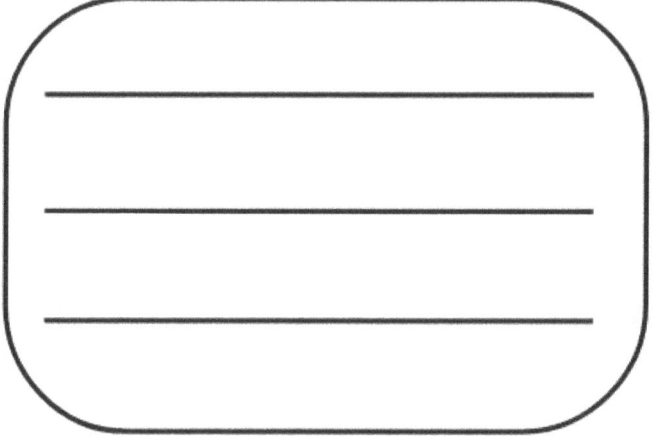

Dziennik ogrodniczy to niesamowity sposób na śledzenie swoich celów ogrodniczych dla początkujących i doświadczonych ogrodników.

Dziennik ogrodniczy

Nazwa	Lokalizacja
Dostawca	Cena

Klasa naukowa

- Rośliny ○
- Ziele ○
- Krzew ○
- Roczne ○
- Bylina ○
- Owoce
- Kwiatek
- Drzewo
- Dwuletni
- Sadzonka

Data

- Kiełkujące
- Zasadzone
- Zebrane

Poziom światła

- Słońce
- Częściowe słońce
- Odcień
- Inne

Rozpoczęte od

- Nasiona
- Zakład

Ocena

- Rozmiar ○○○○○
- Kolor ○○○○○
- Smak ○○○○○

Nawozy i urządzenia

_____

_____

_____

_____

_____

Zapotrzebowanie na wodę

0%
mniej

Instrukcja pielęgnacji

_____

_____

_____

_____

Instrukcja sadzenia

_____

_____

_____

_____

Uwagi dodatkowe

_____

_____

_____

_____

_____

_____

Dziennik ogrodniczy

Nazwa	Lokalizacja
Dostawca	Cena

Klasa naukowa

Rośliny	○	Owoce	
Ziele	○	Kwiatek	
Krzew	○	Drzewo	
Roczne	○	Dwuletni	
Bylina	○	Sadzonka	

Data

Kiełkujące

Zasadzone

Zebrane

Poziom światła

Słońce

Częściowe słońce

Odcień

Inne

Rozpoczęte od

Nasiona

Zakład

Ocena

Rozmiar ○○○○○

Kolor ○○○○○

Smak ○○○○○

Nawozy i urządzenia

_____

_____

_____

_____

_____

Zapotrzebowanie na wodę

0% mniej ☐

Instrukcja pielęgnacji

_____

_____

_____

_____

_____

Instrukcja sadzenia

_____

_____

_____

_____

Uwagi dodatkowe

_____

_____

_____

_____

_____

_____

_____

Dziennik ogrodniczy

Nazwa

Lokalizacja

Dostawca

Cena

Klasa naukowa

Rośliny	○	Owoce
Ziele	○	Kwiatek
Krzew	○	Drzewo
Roczne	○	Dwuletni
Bylina	○	Sadzonka

Data

Kiełkujące

Zasadzone

Zebrane

Poziom światła

Słońce

Częściowe słońce

Odcień

Inne

Rozpoczęte od

Nasiona

Zakład

Ocena

Rozmiar ○○○○○

Kolor ○○○○○

Smak ○○○○○

Nawozy i urządzenia

_____

_____

_____

_____

_____

Zapotrzebowanie na wodę

0%
mniej

Instrukcja pielęgnacji

_____

_____

_____

_____

Instrukcja sadzenia

_____

_____

_____

_____

Uwagi dodatkowe

_____

_____

_____

_____

_____

_____

Dziennik ogrodniczy

Nazwa	Lokalizacja
Dostawca	Cena

Klasa naukowa

Rośliny	○	Owoce
Ziele	○	Kwiatek
Krzew	○	Drzewo
Roczne	○	Dwuletni
Bylina	○	Sadzonka

Data

- Kiełkujące
- Zasadzone
- Zebrane

Poziom światła

- Słońce
- Częściowe słońce
- Odcień
- Inne

Rozpoczęte od

- Nasiona
- Zakład

Ocena

- Rozmiar ○○○○○
- Kolor ○○○○○
- Smak ○○○○○

Nawozy i urządzenia

_____
_____
_____
_____
_____

Zapotrzebowanie na wodę

0% mniej [_____]

Instrukcja pielęgnacji

_____
_____
_____
_____

Instrukcja sadzenia

_____
_____
_____
_____

Uwagi dodatkowe

_____
_____
_____
_____
_____
_____
_____

Dziennik ogrodniczy

Nazwa	Lokalizacja
Dostawca	Cena

Klasa naukowa

Rośliny	○	Owoce	
Ziele	○	Kwiatek	
Krzew	○	Drzewo	
Roczne	○	Dwuletni	
Bylina	○	Sadzonka	

Data

Kiełkujące

Zasadzone

Zebrane

Poziom światła

Słońce

Częściowe słońce

Odcień

Inne

Rozpoczęte od

Nasiona

Zakład

Ocena

Rozmiar	○○○○○
Kolor	○○○○○
Smak	○○○○○

Nawozy i urządzenia

_____

_____

_____

_____

_____

Zapotrzebowanie na wodę

0% mniej ☐

Instrukcja pielęgnacji

_____

_____

_____

_____

Instrukcja sadzenia

_____

_____

_____

_____

Uwagi dodatkowe

_____

_____

_____

_____

_____

_____

Dziennik ogrodniczy

Nazwa

Lokalizacja

Dostawca

Cena

Klasa naukowa

Rośliny	○	Owoce
Ziele	○	Kwiatek
Krzew	○	Drzewo
Roczne	○	Dwuletni
Bylina	○	Sadzonka

Data

Kiełkujące

Zasadzone

Zebrane

Poziom światła

Słońce

Częściowe słońce

Odcień

Inne

Rozpoczęte od

Nasiona

Zakład

Ocena

Rozmiar ○○○○○

Kolor ○○○○○

Smak ○○○○○

Nawozy i urządzenia

_____

_____

_____

_____

_____

Zapotrzebowanie na wodę

0% mniej [_____]

Instrukcja pielęgnacji

_____

_____

_____

_____

Instrukcja sadzenia

_____

_____

_____

_____

Uwagi dodatkowe

_____

_____

_____

_____

_____

_____

Dziennik ogrodniczy

Nazwa		Lokalizacja	
Dostawca		Cena	

Klasa naukowa

Rośliny	○	Owoce	
Ziele	○	Kwiatek	
Krzew	○	Drzewo	
Roczne	○	Dwuletni	
Bylina	○	Sadzonka	

Data

Kiełkujące

Zasadzone

Zebrane

Poziom światła

Słońce

Częściowe słońce

Odcień

Inne

Rozpoczęte od

Nasiona

Zakład

Ocena

Rozmiar ○○○○○

Kolor ○○○○○

Smak ○○○○○

Nawozy i urządzenia

_____

_____

_____

_____

_____

Zapotrzebowanie na wodę

0% mniej

Instrukcja pielęgnacji

_____

_____

_____

_____

Instrukcja sadzenia

_____

_____

_____

_____

Uwagi dodatkowe

_____

_____

_____

_____

_____

_____

_____

Dziennik ogrodniczy

Nazwa	Lokalizacja
Dostawca	Cena

Klasa naukowa

Rośliny	○	Owoce
Ziele	○	Kwiatek
Krzew	○	Drzewo
Roczne	○	Dwuletni
Bylina	○	Sadzonka

Data

Kiełkujące
Zasadzone
Zebrane

Poziom światła

Słońce
Częściowe słońce
Odcień
Inne

Rozpoczęte od

Nasiona
Zakład

Ocena

Rozmiar ○○○○○
Kolor ○○○○○
Smak ○○○○○

Nawozy i urządzenia

_____

_____

_____

_____

_____

Zapotrzebowanie na wodę

0%
mniej

Instrukcja pielęgnacji

_____

_____

_____

_____

Instrukcja sadzenia

_____

_____

_____

_____

Uwagi dodatkowe

_____

_____

_____

_____

_____

_____

Dziennik ogrodniczy

Nazwa	Lokalizacja
Dostawca	Cena

Klasa naukowa

- Rośliny ○
- Ziele ○
- Krzew ○
- Roczne ○
- Bylina ○

- Owoce
- Kwiatek
- Drzewo
- Dwuletni
- Sadzonka

Data

Kiełkujące

Zasadzone

Zebrane

Poziom światła

Słońce

Częściowe słońce

Odcień

Inne

Rozpoczęte od

Nasiona

Zakład

Ocena

Rozmiar ○○○○○

Kolor ○○○○○

Smak ○○○○○

Nawozy i urządzenia

_____

_____

_____

_____

_____

Zapotrzebowanie na wodę

0%
mniej

Instrukcja pielęgnacji

_____

_____

_____

_____

Instrukcja sadzenia

_____

_____

_____

_____

Uwagi dodatkowe

_____

_____

_____

_____

_____

_____

Dziennik ogrodniczy

Nazwa	Lokalizacja

Dostawca	Cena

Klasa naukowa

- Rośliny ○
- Ziele ○
- Krzew ○
- Roczne ○
- Bylina ○
- Owoce
- Kwiatek
- Drzewo
- Dwuletni
- Sadzonka

Data

- Kiełkujące
- Zasadzone
- Zebrane

Poziom światła

- Słońce
- Częściowe słońce
- Odcień
- Inne

Rozpoczęte od

- Nasiona
- Zakład

Ocena

- Rozmiar ○○○○○
- Kolor ○○○○○
- Smak ○○○○○

Nawozy i urządzenia

_____

_____

_____

_____

_____

Zapotrzebowanie na wodę

0% mniej │_____│

Instrukcja pielęgnacji

_____

_____

_____

_____

Instrukcja sadzenia

_____

_____

_____

_____

Uwagi dodatkowe

_____

_____

_____

_____

_____

_____

_____

Dziennik ogrodniczy

Nazwa **Lokalizacja**

Dostawca **Cena**

Klasa naukowa

Rośliny	○	Owoce	
Ziele	○	Kwiatek	
Krzew	○	Drzewo	
Roczne	○	Dwuletni	
Bylina	○	Sadzonka	

Data

Kiełkujące

Zasadzone

Zebrane

Poziom światła

Słońce

Częściowe słońce

Odcień

Inne

Rozpoczęte od

Nasiona

Zakład

Ocena

Rozmiar ○○○○○

Kolor ○○○○○

Smak ○○○○○

Nawozy i urządzenia

_____

_____

_____

_____

_____

Zapotrzebowanie na wodę

0% mniej

Instrukcja pielęgnacji

_____

_____

_____

_____

Instrukcja sadzenia

_____

_____

_____

_____

Uwagi dodatkowe

_____

_____

_____

_____

_____

_____

Dziennik ogrodniczy

Nazwa | **Lokalizacja**

Dostawca | **Cena**

Klasa naukowa

Rośliny	○	Owoce
Ziele	○	Kwiatek
Krzew	○	Drzewo
Roczne	○	Dwuletni
Bylina	○	Sadzonka

Data | Poziom światła

- Kiełkujące
- Zasadzone
- Zebrane

- Słońce
- Częściowe słońce
- Odcień
- Inne

Rozpoczęte od | Ocena

- Nasiona
- Zakład

Rozmiar ○○○○○

Kolor ○○○○○

Smak ○○○○○

Nawozy i urządzenia

_____

_____

_____

_____

_____

Zapotrzebowanie na wodę

0% mniej ☐

Instrukcja pielęgnacji

_____

_____

_____

_____

Instrukcja sadzenia

_____

_____

_____

_____

Uwagi dodatkowe

_____

_____

_____

_____

_____

_____

Dziennik ogrodniczy

Nazwa: _____ **Lokalizacja:** _____

Dostawca: _____ **Cena:** _____

Klasa naukowa

Rośliny	○	Owoce
Ziele	○	Kwiatek
Krzew	○	Drzewo
Roczne	○	Dwuletni
Bylina	○	Sadzonka

Data

- Kiełkujące: _____
- Zasadzone: _____
- Zebrane: _____

Poziom światła

- Słońce
- Częściowe słońce
- Odcień
- Inne

Rozpoczęte od

- Nasiona
- Zakład

Ocena

- Rozmiar ○○○○○
- Kolor ○○○○○
- Smak ○○○○○

Nawozy i urządzenia

_____

_____

_____

_____

_____

Zapotrzebowanie na wodę

0% mniej

Instrukcja pielęgnacji

_____

_____

_____

_____

Instrukcja sadzenia

_____

_____

_____

_____

Uwagi dodatkowe

_____

_____

_____

_____

_____

_____

Dziennik ogrodniczy

Nazwa **Lokalizacja**

Dostawca **Cena**

Klasa naukowa

Rośliny	○	Owoce
Ziele	○	Kwiatek
Krzew	○	Drzewo
Roczne	○	Dwuletni
Bylina	○	Sadzonka

Data

Kiełkujące

Zasadzone

Zebrane

Poziom światła

Słońce

Częściowe słońce

Odcień

Inne

Rozpoczęte od

Nasiona

Zakład

Ocena

Rozmiar ○○○○○

Kolor ○○○○○

Smak ○○○○○

Nawozy i urządzenia

_____

_____

_____

_____

_____

Zapotrzebowanie na wodę

0% mniej

Instrukcja pielęgnacji

_____

_____

_____

_____

Instrukcja sadzenia

_____

_____

_____

_____

Uwagi dodatkowe

_____

_____

_____

_____

_____

_____

Dziennik ogrodniczy

Nazwa

Lokalizacja

Dostawca

Cena

Klasa naukowa

Rośliny	○	Owoce
Ziele	○	Kwiatek
Krzew	○	Drzewo
Roczne	○	Dwuletni
Bylina	○	Sadzonka

Data

Kiełkujące

Zasadzone

Zebrane

Poziom światła

Słońce

Częściowe słońce

Odcień

Inne

Rozpoczęte od

Nasiona

Zakład

Ocena

Rozmiar ○○○○○

Kolor ○○○○○

Smak ○○○○○

Nawozy i urządzenia

_____

_____

_____

_____

_____

Zapotrzebowanie na wodę

0% mniej ▭

Instrukcja pielęgnacji

_____

_____

_____

_____

Instrukcja sadzenia

_____

_____

_____

_____

Uwagi dodatkowe

_____

_____

_____

_____

_____

_____

_____

Dziennik ogrodniczy

Nazwa		Lokalizacja
Dostawca		Cena

Klasa naukowa

Rośliny	○	Owoce
Ziele	○	Kwiatek
Krzew	○	Drzewo
Roczne	○	Dwuletni
Bylina	○	Sadzonka

Data

- Kiełkujące
- Zasadzone
- Zebrane

Poziom światła

- Słońce
- Częściowe słońce
- Odcień
- Inne

Rozpoczęte od

- Nasiona
- Zakład

Ocena

Rozmiar	○○○○○
Kolor	○○○○○
Smak	○○○○○

Nawozy i urządzenia

_____

_____

_____

_____

_____

Zapotrzebowanie na wodę

0% mniej

Instrukcja pielęgnacji

_____

_____

_____

_____

Instrukcja sadzenia

_____

_____

_____

_____

Uwagi dodatkowe

_____

_____

_____

_____

_____

_____

Dziennik ogrodniczy

Nazwa **Lokalizacja**

Dostawca **Cena**

Klasa naukowa

- Rośliny ○
- Owoce
- Ziele ○
- Kwiatek
- Krzew ○
- Drzewo
- Roczne ○
- Dwuletni
- Bylina ○
- Sadzonka

Data

Kiełkujące

Zasadzone

Zebrane

Poziom światła

Słońce

Częściowe słońce

Odcień

Inne

Rozpoczęte od

Nasiona

Zakład

Ocena

Rozmiar ○○○○○

Kolor ○○○○○

Smak ○○○○○

Nawozy i urządzenia

_____

_____

_____

_____

Zapotrzebowanie na wodę

0%
mniej

Instrukcja pielęgnacji

_____

_____

_____

_____

Instrukcja sadzenia

_____

_____

_____

_____

Uwagi dodatkowe

_____

_____

_____

_____

_____

_____

Dziennik ogrodniczy

Nazwa	Lokalizacja
Dostawca	Cena

Klasa naukowa

Rośliny	○	Owoce	
Ziele	○	Kwiatek	
Krzew	○	Drzewo	
Roczne	○	Dwuletni	
Bylina	○	Sadzonka	

Data

Kiełkujące

Zasadzone

Zebrane

Poziom światła

Słońce

Częściowe słońce

Odcień

Inne

Rozpoczęte od

Nasiona

Zakład

Ocena

Rozmiar ○○○○○

Kolor ○○○○○

Smak ○○○○○

Nawozy i urządzenia

_____

_____

_____

_____

_____

Zapotrzebowanie na wodę

0%
mniej □

Instrukcja pielęgnacji

_____

_____

_____

_____

Instrukcja sadzenia

_____

_____

_____

_____

Uwagi dodatkowe

_____

_____

_____

_____

_____

_____

_____

Dziennik ogrodniczy

Nazwa   **Lokalizacja**

Dostawca   **Cena**

Klasa naukowa

Rośliny	○	Owoce
Ziele	○	Kwiatek
Krzew	○	Drzewo
Roczne	○	Dwuletni
Bylina	○	Sadzonka

Data
- Kiełkujące
- Zasadzone
- Zebrane

Poziom światła
- Słońce
- Częściowe słońce
- Odcień
- Inne

Rozpoczęte od
- Nasiona
- Zakład

Ocena
- Rozmiar ○○○○○
- Kolor ○○○○○
- Smak ○○○○○

Nawozy i urządzenia

_____

_____

_____

_____

Zapotrzebowanie na wodę

0% mniej

Instrukcja pielęgnacji

_____

_____

_____

_____

Instrukcja sadzenia

_____

_____

_____

_____

Uwagi dodatkowe

_____

_____

_____

_____

_____

_____

Dziennik ogrodniczy

Nazwa

Lokalizacja

Dostawca

Cena

Klasa naukowa

Rośliny	○	Owoce
Ziele	○	Kwiatek
Krzew	○	Drzewo
Roczne	○	Dwuletni
Bylina	○	Sadzonka

Data

Kiełkujące

Zasadzone

Zebrane

Poziom światła

Słońce

Częściowe słońce

Odcień

Inne

Rozpoczęte od

Nasiona

Zakład

Ocena

Rozmiar ○○○○○

Kolor ○○○○○

Smak ○○○○○

Nawozy i urządzenia

_____

_____

_____

_____

Zapotrzebowanie na wodę

0% mniej

Instrukcja pielęgnacji

_____

_____

_____

_____

Instrukcja sadzenia

_____

_____

_____

_____

Uwagi dodatkowe

_____

_____

_____

_____

_____

_____

Dziennik ogrodniczy

Nazwa	Lokalizacja
Dostawca	Cena

Klasa naukowa

Rośliny	○	Owoce	
Ziele	○	Kwiatek	
Krzew	○	Drzewo	
Roczne	○	Dwuletni	
Bylina	○	Sadzonka	

Data

- Kiełkujące
- Zasadzone
- Zebrane

Poziom światła

- Słońce
- Częściowe słońce
- Odcień
- Inne

Rozpoczęte od

- Nasiona
- Zakład

Ocena

Rozmiar	○○○○○
Kolor	○○○○○
Smak	○○○○○

Nawozy i urządzenia

_____

_____

_____

_____

_____

Zapotrzebowanie na wodę

0% mniej ☐

Instrukcja pielęgnacji

_____

_____

_____

_____

Instrukcja sadzenia

_____

_____

_____

_____

Uwagi dodatkowe

_____

_____

_____

_____

_____

_____

Dziennik ogrodniczy

Nazwa		Lokalizacja
Dostawca		Cena

Klasa naukowa

Rośliny	○	Owoce
Ziele	○	Kwiatek
Krzew	○	Drzewo
Roczne	○	Dwuletni
Bylina	○	Sadzonka

Data | Poziom światła

Kiełkujące	Słońce
Zasadzone	Częściowe słońce
	Odcień
Zebrane	Inne

Rozpoczęte od | Ocena

Nasiona	Rozmiar	○○○○○
Zakład	Kolor	○○○○○
	Smak	○○○○○

Nawozy i urządzenia

_____

_____

_____

_____

_____

Zapotrzebowanie na wodę

0% mniej

Instrukcja pielęgnacji

_____

_____

_____

_____

Instrukcja sadzenia

_____

_____

_____

_____

Uwagi dodatkowe

_____

_____

_____

_____

_____

_____

_____

Dziennik ogrodniczy

Nazwa	Lokalizacja
Dostawca	Cena

Klasa naukowa

Rośliny	○	Owoce
Ziele	○	Kwiatek
Krzew	○	Drzewo
Roczne	○	Dwuletni
Bylina	○	Sadzonka

Data

- Kiełkujące
- Zasadzone
- Zebrane

Poziom światła

- Słońce
- Częściowe słońce
- Odcień
- Inne

Rozpoczęte od

- Nasiona
- Zakład

Ocena

Rozmiar	○○○○○
Kolor	○○○○○
Smak	○○○○○

Nawozy i urządzenia

_____
_____
_____
_____
_____

Zapotrzebowanie na wodę

0% mniej ☐

Instrukcja pielęgnacji

_____
_____
_____
_____

Instrukcja sadzenia

_____
_____
_____
_____

Uwagi dodatkowe

_____
_____
_____
_____
_____
_____

Dziennik ogrodniczy

Nazwa	Lokalizacja

Dostawca	Cena

Klasa naukowa

Rośliny	○	Owoce
Ziele	○	Kwiatek
Krzew	○	Drzewo
Roczne	○	Dwuletni
Bylina	○	Sadzonka

Data

Kiełkujące

Zasadzone

Zebrane

Poziom światła

Słońce

Częściowe słońce

Odcień

Inne

Rozpoczęte od

Nasiona

Zakład

Ocena

Rozmiar ○○○○○

Kolor ○○○○○

Smak ○○○○○

Nawozy i urządzenia

_____

_____

_____

_____

_____

Zapotrzebowanie na wodę

0% mniej ▭

Instrukcja pielęgnacji

_____

_____

_____

_____

Instrukcja sadzenia

_____

_____

_____

Uwagi dodatkowe

_____

_____

_____

_____

_____

_____

Dziennik ogrodniczy

Nazwa		Lokalizacja
Dostawca		Cena

Klasa naukowa

Rośliny	○	Owoce
Ziele	○	Kwiatek
Krzew	○	Drzewo
Roczne	○	Dwuletni
Bylina	○	Sadzonka

Data

Kiełkujące

Zasadzone

Zebrane

Poziom światła

Słońce

Częściowe słońce

Odcień

Inne

Rozpoczęte od

Nasiona

Zakład

Ocena

Rozmiar ○○○○○

Kolor ○○○○○

Smak ○○○○○

Nawozy i urządzenia

_____

_____

_____

_____

Zapotrzebowanie na wodę

0% mniej ☐

Instrukcja pielęgnacji

_____

_____

_____

_____

Instrukcja sadzenia

_____

_____

_____

_____

Uwagi dodatkowe

_____

_____

_____

_____

_____

_____

Dziennik ogrodniczy

Nazwa

Lokalizacja

Dostawca

Cena

Klasa naukowa

Rośliny	○	Owoce
Ziele	○	Kwiatek
Krzew	○	Drzewo
Roczne	○	Dwuletni
Bylina	○	Sadzonka

Data

Kiełkujące

Zasadzone

Zebrane

Poziom światła

Słońce

Częściowe słońce

Odcień

Inne

Rozpoczęte od

Nasiona

Zakład

Ocena

Rozmiar ○○○○○

Kolor ○○○○○

Smak ○○○○○

Nawozy i urządzenia

_____

_____

_____

_____

_____

Zapotrzebowanie na wodę

0% mniej

Instrukcja pielęgnacji

_____

_____

_____

_____

Instrukcja sadzenia

_____

_____

_____

_____

Uwagi dodatkowe

_____

_____

_____

_____

_____

_____

Dziennik ogrodniczy

Nazwa	Lokalizacja
Dostawca	Cena

Klasa naukowa

Rośliny	○	Owoce	
Ziele	○	Kwiatek	
Krzew	○	Drzewo	
Roczne	○	Dwuletni	
Bylina	○	Sadzonka	

Data

- Kiełkujące
- Zasadzone
- Zebrane

Poziom światła

- Słońce
- Częściowe słońce
- Odcień
- Inne

Rozpoczęte od

- Nasiona
- Zakład

Ocena

- Rozmiar ○○○○○
- Kolor ○○○○○
- Smak ○○○○○

Nawozy i urządzenia

_____

_____

_____

_____

_____

Zapotrzebowanie na wodę

0%
mniej

Instrukcja pielęgnacji

_____

_____

_____

_____

Instrukcja sadzenia

_____

_____

_____

_____

Uwagi dodatkowe

_____

_____

_____

_____

_____

_____

_____

Dziennik ogrodniczy

Nazwa	Lokalizacja
Dostawca	Cena

Klasa naukowa

- Rośliny ○ Owoce
- Ziele ○ Kwiatek
- Krzew ○ Drzewo
- Roczne ○ Dwuletni
- Bylina ○ Sadzonka

Data | Poziom światła

Data	Poziom światła
Kiełkujące	Słońce
Zasadzone	Częściowe słońce
	Odcień
Zebrane	Inne

Rozpoczęte od | Ocena

Rozpoczęte od	Ocena	
Nasiona	Rozmiar	○○○○○
Zakład	Kolor	○○○○○
	Smak	○○○○○

Nawozy i urządzenia

_____

_____

_____

_____

_____

Zapotrzebowanie na wodę

0% mniej

Instrukcja pielęgnacji

_____

_____

_____

_____

Instrukcja sadzenia

_____

_____

_____

_____

Uwagi dodatkowe

_____

_____

_____

_____

_____

_____

Dziennik ogrodniczy

Nazwa	Lokalizacja
Dostawca	Cena

Klasa naukowa

- Rośliny ○ Owoce
- Ziele ○ Kwiatek
- Krzew ○ Drzewo
- Roczne ○ Dwuletni
- Bylina ○ Sadzonka

Data

Kiełkujące

Zasadzone

Zebrane

Poziom światła

Słońce

Częściowe słońce

Odcień

Inne

Rozpoczęte od

Nasiona

Zakład

Ocena

Rozmiar ○○○○○

Kolor ○○○○○

Smak ○○○○○

Nawozy i urządzenia

_____

_____

_____

_____

_____

Zapotrzebowanie na wodę

0% mniej

Instrukcja pielęgnacji

_____

_____

_____

_____

Instrukcja sadzenia

_____

_____

_____

_____

Uwagi dodatkowe

_____

_____

_____

_____

_____

_____

_____

Dziennik ogrodniczy

Nazwa

Lokalizacja

Dostawca

Cena

Klasa naukowa

Rośliny	○	Owoce
Ziele	○	Kwiatek
Krzew	○	Drzewo
Roczne	○	Dwuletni
Bylina	○	Sadzonka

Data

Kiełkujące

Zasadzone

Zebrane

Poziom światła

Słońce

Częściowe słońce

Odcień

Inne

Rozpoczęte od

Nasiona

Zakład

Ocena

Rozmiar ○○○○○

Kolor ○○○○○

Smak ○○○○○

Nawozy i urządzenia

_____

_____

_____

_____

_____

Zapotrzebowanie na wodę

0%
mniej ☐

Instrukcja pielęgnacji

_____

_____

_____

_____

Instrukcja sadzenia

_____

_____

_____

_____

Uwagi dodatkowe

_____

_____

_____

_____

_____

_____

Dziennik ogrodniczy

Nazwa	Lokalizacja
Dostawca	Cena

Klasa naukowa

Rośliny	○	Owoce	
Ziele	○	Kwiatek	
Krzew	○	Drzewo	
Roczne	○	Dwuletni	
Bylina	○	Sadzonka	

Data

Kiełkujące

Zasadzone

Zebrane

Poziom światła

Słońce

Częściowe słońce

Odcień

Inne

Rozpoczęte od

Nasiona

Zakład

Ocena

Rozmiar	○○○○○
Kolor	○○○○○
Smak	○○○○○

Nawozy i urządzenia

_____

_____

_____

_____

Zapotrzebowanie na wodę

0% mniej

Instrukcja pielęgnacji

_____

_____

_____

_____

Instrukcja sadzenia

_____

_____

_____

_____

Uwagi dodatkowe

_____

_____

_____

_____

_____

_____

Dziennik ogrodniczy

Nazwa	Lokalizacja
Dostawca	Cena

Klasa naukowa

Rośliny	○	Owoce
Ziele	○	Kwiatek
Krzew	○	Drzewo
Roczne	○	Dwuletni
Bylina	○	Sadzonka

Data

- Kiełkujące
- Zasadzone
- Zebrane

Poziom światła

- Słońce
- Częściowe słońce
- Odcień
- Inne

Rozpoczęte od

- Nasiona
- Zakład

Ocena

- Rozmiar ○○○○○
- Kolor ○○○○○
- Smak ○○○○○

Nawozy i urządzenia

_____
_____
_____
_____

Zapotrzebowanie na wodę

0% mniej

Instrukcja pielęgnacji

_____
_____
_____
_____

Instrukcja sadzenia

_____
_____
_____
_____

Uwagi dodatkowe

_____
_____
_____
_____
_____
_____
_____

Dziennik ogrodniczy

Nazwa **Lokalizacja**

Dostawca **Cena**

Klasa naukowa

Rośliny	○	Owoce
Ziele	○	Kwiatek
Krzew	○	Drzewo
Roczne	○	Dwuletni
Bylina	○	Sadzonka

Data | Poziom światła

Kiełkujące — Słońce

Zasadzone — Częściowe słońce

Zebrane — Odcień

— Inne

Rozpoczęte od | Ocena

Nasiona — Rozmiar ○○○○○

Zakład — Kolor ○○○○○

— Smak ○○○○○

Nawozy i urządzenia

_____

_____

_____

_____

_____

Zapotrzebowanie na wodę

0% mniej □──────────

Instrukcja pielęgnacji

_____

_____

_____

_____

_____

Instrukcja sadzenia

_____

_____

_____

_____

Uwagi dodatkowe

_____

_____

_____

_____

_____

_____

Dziennik ogrodniczy

Nazwa	Lokalizacja
Dostawca	Cena

Klasa naukowa

Rośliny	○	Owoce
Ziele	○	Kwiatek
Krzew	○	Drzewo
Roczne	○	Dwuletni
Bylina	○	Sadzonka

Data

- Kiełkujące
- Zasadzone
- Zebrane

Poziom światła

- Słońce
- Częściowe słońce
- Odcień
- Inne

Rozpoczęte od

- Nasiona
- Zakład

Ocena

- Rozmiar ○○○○○
- Kolor ○○○○○
- Smak ○○○○○

Nawozy i urządzenia

_____

_____

_____

_____

Zapotrzebowanie na wodę

0% mniej ☐

Instrukcja pielęgnacji

_____

_____

_____

_____

Instrukcja sadzenia

_____

_____

_____

_____

Uwagi dodatkowe

_____

_____

_____

_____

_____

_____

Dziennik ogrodniczy

Nazwa	Lokalizacja
Dostawca	Cena

Klasa naukowa

Rośliny	○	Owoce
Ziele	○	Kwiatek
Krzew	○	Drzewo
Roczne	○	Dwuletni
Bylina	○	Sadzonka

Data

- Kiełkujące
- Zasadzone
- Zebrane

Poziom światła

- Słońce
- Częściowe słońce
- Odcień
- Inne

Rozpoczęte od

- Nasiona
- Zakład

Ocena

- Rozmiar ○○○○○
- Kolor ○○○○○
- Smak ○○○○○

Nawozy i urządzenia

_____

_____

_____

_____

Zapotrzebowanie na wodę

0% mniej

Instrukcja pielęgnacji

_____

_____

_____

_____

Instrukcja sadzenia

_____

_____

_____

_____

Uwagi dodatkowe

_____

_____

_____

_____

_____

_____

Dziennik ogrodniczy

Nazwa

Lokalizacja

Dostawca

Cena

Klasa naukowa

Rośliny	○	Owoce
Ziele	○	Kwiatek
Krzew	○	Drzewo
Roczne	○	Dwuletni
Bylina	○	Sadzonka

Data

Kiełkujące

Zasadzone

Zebrane

Poziom światła

Słońce

Częściowe słońce

Odcień

Inne

Rozpoczęte od

Nasiona

Zakład

Ocena

Rozmiar ○○○○○

Kolor ○○○○○

Smak ○○○○○

Nawozy i urządzenia

_____

_____

_____

_____

_____

Zapotrzebowanie na wodę

0%
mniej

Instrukcja pielęgnacji

_____

_____

_____

_____

Instrukcja sadzenia

_____

_____

_____

_____

Uwagi dodatkowe

_____

_____

_____

_____

_____

_____

_____

Dziennik ogrodniczy

Nazwa	Lokalizacja
Dostawca	Cena

Klasa naukowa

- ○ Rośliny
- ○ Owoce
- ○ Ziele
- ○ Kwiatek
- ○ Krzew
- ○ Drzewo
- ○ Roczne
- ○ Dwuletni
- ○ Bylina
- ○ Sadzonka

Data

- Kiełkujące
- Zasadzone
- Zebrane

Poziom światła

- Słońce
- Częściowe słońce
- Odcień
- Inne

Rozpoczęte od

- Nasiona
- Zakład

Ocena

- Rozmiar ○○○○○
- Kolor ○○○○○
- Smak ○○○○○

Nawozy i urządzenia

_____

_____

_____

_____

_____

Zapotrzebowanie na wodę

0% mniej ▭

Instrukcja pielęgnacji

_____

_____

_____

_____

Instrukcja sadzenia

_____

_____

_____

_____

Uwagi dodatkowe

_____

_____

_____

_____

_____

_____

Dziennik ogrodniczy

Nazwa	Lokalizacja
Dostawca	Cena

Klasa naukowa

- ○ Rośliny
- ○ Ziele
- ○ Krzew
- ○ Roczne
- ○ Bylina
- Owoce
- Kwiatek
- Drzewo
- Dwuletni
- Sadzonka

Data

- Kiełkujące
- Zasadzone
- Zebrane

Poziom światła

- Słońce
- Częściowe słońce
- Odcień
- Inne

Rozpoczęte od

- Nasiona
- Zakład

Ocena

- Rozmiar ○○○○○
- Kolor ○○○○○
- Smak ○○○○○

Nawozy i urządzenia

_____

_____

_____

_____

_____

Zapotrzebowanie na wodę

0% mniej

Instrukcja pielęgnacji

_____

_____

_____

_____

Instrukcja sadzenia

_____

_____

_____

_____

Uwagi dodatkowe

_____

_____

_____

_____

_____

_____

Dziennik ogrodniczy

Nazwa		Lokalizacja
Dostawca		Cena

Klasa naukowa

Rośliny	○	Owoce
Ziele	○	Kwiatek
Krzew	○	Drzewo
Roczne	○	Dwuletni
Bylina	○	Sadzonka

Data

- Kiełkujące
- Zasadzone
- Zebrane

Poziom światła

- Słońce
- Częściowe słońce
- Odcień
- Inne

Rozpoczęte od

- Nasiona
- Zakład

Ocena

Rozmiar	○○○○○
Kolor	○○○○○
Smak	○○○○○

Nawozy i urządzenia

_____

_____

_____

_____

_____

Zapotrzebowanie na wodę

0%
mniej

Instrukcja pielęgnacji

_____

_____

_____

_____

Instrukcja sadzenia

_____

_____

_____

_____

Uwagi dodatkowe

_____

_____

_____

_____

_____

_____

Dziennik ogrodniczy

Nazwa	Lokalizacja
Dostawca	Cena

Klasa naukowa

Rośliny	○	Owoce
Ziele	○	Kwiatek
Krzew	○	Drzewo
Roczne	○	Dwuletni
Bylina	○	Sadzonka

Data

- Kiełkujące
- Zasadzone
- Zebrane

Poziom światła

- Słońce
- Częściowe słońce
- Odcień
- Inne

Rozpoczęte od

- Nasiona
- Zakład

Ocena

Rozmiar	○○○○○
Kolor	○○○○○
Smak	○○○○○

Nawozy i urządzenia

_____
_____
_____
_____

Zapotrzebowanie na wodę

0% mniej

Instrukcja pielęgnacji

_____
_____
_____
_____

Instrukcja sadzenia

_____
_____
_____
_____

Uwagi dodatkowe

_____
_____
_____
_____
_____
_____

Dziennik ogrodniczy

Nazwa **Lokalizacja**

Dostawca **Cena**

Klasa naukowa

Rośliny	○	Owoce
Ziele	○	Kwiatek
Krzew	○	Drzewo
Roczne	○	Dwuletni
Bylina	○	Sadzonka

Data

Kiełkujące

Zasadzone

Zebrane

Poziom światła

Słońce

Częściowe słońce

Odcień

Inne

Rozpoczęte od

Nasiona

Zakład

Ocena

Rozmiar ○○○○○

Kolor ○○○○○

Smak ○○○○○

Nawozy i urządzenia

_____

_____

_____

_____

Zapotrzebowanie na wodę

0%
mniej

Instrukcja pielęgnacji

_____

_____

_____

_____

Instrukcja sadzenia

_____

_____

_____

_____

Uwagi dodatkowe

_____

_____

_____

_____

_____

_____

Dziennik ogrodniczy

Nazwa

Lokalizacja

Dostawca

Cena

Klasa naukowa

Rośliny	○	Owoce
Ziele	○	Kwiatek
Krzew	○	Drzewo
Roczne	○	Dwuletni
Bylina	○	Sadzonka

Data

Kiełkujące

Zasadzone

Zebrane

Poziom światła

Słońce

Częściowe słońce

Odcień

Inne

Rozpoczęte od

Nasiona

Zakład

Ocena

Rozmiar ○○○○○

Kolor ○○○○○

Smak ○○○○○

Nawozy i urządzenia

_____

_____

_____

_____

_____

Zapotrzebowanie na wodę

0%
mniej

Instrukcja pielęgnacji

_____

_____

_____

_____

Instrukcja sadzenia

_____

_____

_____

_____

Uwagi dodatkowe

_____

_____

_____

_____

_____

_____

Dziennik ogrodniczy

Nazwa	Lokalizacja
Dostawca	Cena

Klasa naukowa

Rośliny	○	Owoce	
Ziele	○	Kwiatek	
Krzew	○	Drzewo	
Roczne	○	Dwuletni	
Bylina	○	Sadzonka	

Data

Kiełkujące

Zasadzone

Zebrane

Poziom światła

Słońce

Częściowe słońce

Odcień

Inne

Rozpoczęte od

Nasiona

Zakład

Ocena

Rozmiar ○○○○○

Kolor ○○○○○

Smak ○○○○○

Nawozy i urządzenia

_____

_____

_____

_____

Zapotrzebowanie na wodę

0% mniej

Instrukcja pielęgnacji

_____

_____

_____

_____

Instrukcja sadzenia

_____

_____

_____

_____

Uwagi dodatkowe

_____

_____

_____

_____

_____

_____

Dziennik ogrodniczy

Nazwa	Lokalizacja
Dostawca	Cena

Klasa naukowa

Rośliny	○	Owoce	
Ziele	○	Kwiatek	
Krzew	○	Drzewo	
Roczne	○	Dwuletni	
Bylina	○	Sadzonka	

Data

Kiełkujące

Zasadzone

Zebrane

Poziom światła

Słońce

Częściowe słońce

Odcień

Inne

Rozpoczęte od

Nasiona

Zakład

Ocena

Rozmiar ○○○○○

Kolor ○○○○○

Smak ○○○○○

Nawozy i urządzenia

_____

_____

_____

_____

_____

Zapotrzebowanie na wodę

0% mniej

Instrukcja pielęgnacji

_____

_____

_____

_____

Instrukcja sadzenia

_____

_____

_____

_____

Uwagi dodatkowe

_____

_____

_____

_____

_____

_____

Dziennik ogrodniczy

Nazwa	Lokalizacja
Dostawca	Cena

Klasa naukowa

- ○ Rośliny
- ○ Ziele
- ○ Krzew
- ○ Roczne
- ○ Bylina
- ○ Owoce
- ○ Kwiatek
- ○ Drzewo
- ○ Dwuletni
- ○ Sadzonka

Data

- Kiełkujące
- Zasadzone
- Zebrane

Poziom światła

- Słońce
- Częściowe słońce
- Odcień
- Inne

Rozpoczęte od

- Nasiona
- Zakład

Ocena

- Rozmiar ○○○○○
- Kolor ○○○○○
- Smak ○○○○○

Nawozy i urządzenia

_____

_____

_____

_____

_____

Zapotrzebowanie na wodę

0%
mniej ▭

Instrukcja pielęgnacji

_____

_____

_____

_____

Instrukcja sadzenia

_____

_____

_____

_____

Uwagi dodatkowe

_____

_____

_____

_____

_____

_____

_____

Dziennik ogrodniczy

Nazwa	Lokalizacja
Dostawca	Cena

Klasa naukowa

Rośliny	○	Owoce
Ziele	○	Kwiatek
Krzew	○	Drzewo
Roczne	○	Dwuletni
Bylina	○	Sadzonka

Data

- Kiełkujące
- Zasadzone
- Zebrane

Poziom światła

- Słońce
- Częściowe słońce
- Odcień
- Inne

Rozpoczęte od

- Nasiona
- Zakład

Ocena

Rozmiar	○○○○○
Kolor	○○○○○
Smak	○○○○○

Nawozy i urządzenia

_____

_____

_____

_____

Zapotrzebowanie na wodę

0% mniej

Instrukcja pielęgnacji

_____

_____

_____

_____

Instrukcja sadzenia

_____

_____

_____

_____

Uwagi dodatkowe

_____

_____

_____

_____

_____

_____

Dziennik ogrodniczy

Nazwa	Lokalizacja
Dostawca	Cena

Klasa naukowa

Rośliny	○	Owoce
Ziele	○	Kwiatek
Krzew	○	Drzewo
Roczne	○	Dwuletni
Bylina	○	Sadzonka

Data

- Kiełkujące
- Zasadzone
- Zebrane

Poziom światła

- Słońce
- Częściowe słońce
- Odcień
- Inne

Rozpoczęte od

- Nasiona
- Zakład
- ___

Ocena

Rozmiar	○○○○○
Kolor	○○○○○
Smak	○○○○○

Nawozy i urządzenia

_____

_____

_____

_____

Zapotrzebowanie na wodę

0% mniej

Instrukcja pielęgnacji

_____

_____

_____

_____

Instrukcja sadzenia

_____

_____

_____

_____

Uwagi dodatkowe

_____

_____

_____

_____

_____

_____

Dziennik ogrodniczy

Nazwa	Lokalizacja
Dostawca	Cena

Klasa naukowa

Rośliny	○	Owoce
Ziele	○	Kwiatek
Krzew	○	Drzewo
Roczne	○	Dwuletni
Bylina	○	Sadzonka

Data

Kiełkujące

Zasadzone

Zebrane

Poziom światła

Słońce

Częściowe słońce

Odcień

Inne

Rozpoczęte od

Nasiona

Zakład

Ocena

Rozmiar	○○○○○
Kolor	○○○○○
Smak	○○○○○

Nawozy i urządzenia

_____

_____

_____

_____

_____

Zapotrzebowanie na wodę

0% mniej [_____]

Instrukcja pielęgnacji

_____

_____

_____

_____

Instrukcja sadzenia

_____

_____

_____

_____

Uwagi dodatkowe

_____

_____

_____

_____

_____

_____

_____

Dziennik ogrodniczy

Nazwa | **Lokalizacja**

Dostawca | **Cena**

Klasa naukowa

Rośliny	○	Owoce
Ziele	○	Kwiatek
Krzew	○	Drzewo
Roczne	○	Dwuletni
Bylina	○	Sadzonka

Data
- Kiełkujące
- Zasadzone
- Zebrane

Poziom światła
- Słońce
- Częściowe słońce
- Odcień
- Inne

Rozpoczęte od
- Nasiona
- Zakład

Ocena
- Rozmiar ○○○○○
- Kolor ○○○○○
- Smak ○○○○○

Nawozy i urządzenia

_____

_____

_____

_____

_____

Zapotrzebowanie na wodę

0% mniej □

Instrukcja pielęgnacji

_____

_____

_____

_____

Instrukcja sadzenia

_____

_____

_____

_____

Uwagi dodatkowe

_____

_____

_____

_____

_____

_____

Dziennik ogrodniczy

Nazwa	Lokalizacja
Dostawca	Cena

Klasa naukowa

- Rośliny ○
- Ziele ○
- Krzew ○
- Roczne ○
- Bylina ○

- Owoce
- Kwiatek
- Drzewo
- Dwuletni
- Sadzonka

Data

- Kiełkujące
- Zasadzone
- Zebrane

Poziom światła

- Słońce
- Częściowe słońce
- Odcień
- Inne

Rozpoczęte od

- Nasiona
- Zakład

Ocena

- Rozmiar ○○○○○
- Kolor ○○○○○
- Smak ○○○○○

Nawozy i urządzenia

_____

_____

_____

_____

Zapotrzebowanie na wodę

0% mniej

Instrukcja pielęgnacji

_____

_____

_____

_____

Instrukcja sadzenia

_____

_____

_____

_____

Uwagi dodatkowe

_____

_____

_____

_____

_____

_____

Dziennik ogrodniczy

Nazwa

Lokalizacja

Dostawca

Cena

Klasa naukowa

Rośliny ○	Owoce
Ziele ○	Kwiatek
Krzew ○	Drzewo
Roczne ○	Dwuletni
Bylina ○	Sadzonka

Data

Kiełkujące

Zasadzone

Zebrane

Poziom światła

Słońce

Częściowe słońce

Odcień

Inne

Rozpoczęte od

Nasiona

Zakład

Ocena

Rozmiar ○○○○○

Kolor ○○○○○

Smak ○○○○○

Nawozy i urządzenia

_____

_____

_____

_____

Zapotrzebowanie na wodę

0% mniej

Instrukcja pielęgnacji

_____

_____

_____

_____

Instrukcja sadzenia

_____

_____

_____

_____

Uwagi dodatkowe

_____

_____

_____

_____

_____

_____

Dziennik ogrodniczy

Nazwa

Lokalizacja

Dostawca

Cena

Klasa naukowa

Rośliny ○	Owoce
Ziele ○	Kwiatek
Krzew ○	Drzewo
Roczne ○	Dwuletni
Bylina ○	Sadzonka

Data

Kiełkujące
Zasadzone
Zebrane

Poziom światła

Słońce
Częściowe słońce
Odcień
Inne

Rozpoczęte od

Nasiona
Zakład

Ocena

Rozmiar ○○○○○
Kolor ○○○○○
Smak ○○○○○

Nawozy i urządzenia

_____

_____

_____

_____

_____

Zapotrzebowanie na wodę

0% mniej

Instrukcja pielęgnacji

_____

_____

_____

_____

Instrukcja sadzenia

_____

_____

_____

_____

Uwagi dodatkowe

_____

_____

_____

_____

_____

_____

Dziennik ogrodniczy

Nazwa		Lokalizacja
Dostawca		Cena

Klasa naukowa

Rośliny	○	Owoce
Ziele	○	Kwiatek
Krzew	○	Drzewo
Roczne	○	Dwuletni
Bylina	○	Sadzonka

Data

Kiełkujące

Zasadzone

Zebrane

Poziom światła

Słońce

Częściowe słońce

Odcień

Inne

Rozpoczęte od

Nasiona

Zakład

Ocena

Rozmiar ○○○○○

Kolor ○○○○○

Smak ○○○○○

Nawozy i urządzenia

_____

_____

_____

_____

_____

Zapotrzebowanie na wodę

0% mniej [   ]

Instrukcja pielęgnacji

_____

_____

_____

_____

Instrukcja sadzenia

_____

_____

_____

_____

Uwagi dodatkowe

_____

_____

_____

_____

_____

_____

Dziennik ogrodniczy

Nazwa **Lokalizacja**

Dostawca **Cena**

Klasa naukowa

Rośliny	○	Owoce
Ziele	○	Kwiatek
Krzew	○	Drzewo
Roczne	○	Dwuletni
Bylina	○	Sadzonka

Data

Kiełkujące
Zasadzone
Zebrane

Poziom światła

Słońce
Częściowe słońce
Odcień
Inne

Rozpoczęte od

Nasiona
Zakład

Ocena

Rozmiar ○○○○○

Kolor ○○○○○

Smak ○○○○○

Nawozy i urządzenia

_____

_____

_____

_____

_____

Zapotrzebowanie na wodę

0%
mniej

Instrukcja pielęgnacji

_____

_____

_____

_____

Instrukcja sadzenia

_____

_____

_____

_____

Uwagi dodatkowe

_____

_____

_____

_____

_____

_____

_____

Dziennik ogrodniczy

Nazwa	Lokalizacja
Dostawca	Cena

Klasa naukowa

- ○ Rośliny
- ○ Owoce
- ○ Ziele
- ○ Kwiatek
- ○ Krzew
- ○ Drzewo
- ○ Roczne
- ○ Dwuletni
- ○ Bylina
- ○ Sadzonka

Data

- Kiełkujące
- Zasadzone
- Zebrane

Poziom światła

- Słońce
- Częściowe słońce
- Odcień
- Inne

Rozpoczęte od

- Nasiona
- Zakład

Ocena

- Rozmiar ○○○○○
- Kolor ○○○○○
- Smak ○○○○○

Nawozy i urządzenia

_____
_____
_____
_____
_____

Zapotrzebowanie na wodę

0%
mniej ☐

Instrukcja pielęgnacji

_____
_____
_____
_____

Instrukcja sadzenia

_____
_____
_____
_____

Uwagi dodatkowe

_____
_____
_____
_____
_____
_____
_____

Dziennik ogrodniczy

Nazwa

Lokalizacja

Dostawca

Cena

Klasa naukowa

Rośliny	○	Owoce
Ziele	○	Kwiatek
Krzew	○	Drzewo
Roczne	○	Dwuletni
Bylina	○	Sadzonka

Data

Kiełkujące

Zasadzone

Zebrane

Poziom światła

Słońce

Częściowe słońce

Odcień

Inne

Rozpoczęte od

Nasiona

Zakład

Ocena

Rozmiar ○○○○○

Kolor ○○○○○

Smak ○○○○○

Nawozy i urządzenia

_____

_____

_____

_____

_____

Zapotrzebowanie na wodę

0% mniej [_____]

Instrukcja pielęgnacji

_____

_____

_____

_____

Instrukcja sadzenia

_____

_____

_____

_____

Uwagi dodatkowe

_____

_____

_____

_____

_____

_____

Dziennik ogrodniczy

Nazwa	Lokalizacja
Dostawca	Cena

Klasa naukowa

Rośliny	○	Owoce
Ziele	○	Kwiatek
Krzew	○	Drzewo
Roczne	○	Dwuletni
Bylina	○	Sadzonka

Data

Kiełkujące

Zasadzone

Zebrane

Poziom światła

Słońce

Częściowe słońce

Odcień

Inne

Rozpoczęte od

Nasiona

Zakład

Ocena

Rozmiar ○○○○○

Kolor ○○○○○

Smak ○○○○○

Nawozi i urządzenia

_____

_____

_____

_____

_____

Zapotrzebowanie na wodę

0% mniej ☐

Instrukcja pielęgnacji

_____

_____

_____

_____

Instrukcja sadzenia

_____

_____

_____

_____

Uwagi dodatkowe

_____

_____

_____

_____

_____

_____

Dziennik ogrodniczy

Nazwa

Lokalizacja

Dostawca

Cena

Klasa naukowa

Rośliny ○	Owoce
Ziele ○	Kwiatek
Krzew ○	Drzewo
Roczne ○	Dwuletni
Bylina ○	Sadzonka

Data

Kiełkujące

Zasadzone

Zebrane

Poziom światła

Słońce

Częściowe słońce

Odcień

Inne

Rozpoczęte od

Nasiona

Zakład

Ocena

Rozmiar ○○○○○

Kolor ○○○○○

Smak ○○○○○

Nawozy i urządzenia

_____

_____

_____

_____

_____

Zapotrzebowanie na wodę

0% mniej

Instrukcja pielęgnacji

_____

_____

_____

_____

Instrukcja sadzenia

_____

_____

_____

_____

Uwagi dodatkowe

_____

_____

_____

_____

_____

_____

Dziennik ogrodniczy

Nazwa	Lokalizacja
Dostawca	Cena

Klasa naukowa

Rośliny	○	Owoce
Ziele	○	Kwiatek
Krzew	○	Drzewo
Roczne	○	Dwuletni
Bylina	○	Sadzonka

Data

- Kiełkujące
- Zasadzone
- Zebrane

Poziom światła

- Słońce
- Częściowe słońce
- Odcień
- Inne

Rozpoczęte od

- Nasiona
- Zakład

Ocena

Rozmiar	○○○○○
Kolor	○○○○○
Smak	○○○○○

Nawozy i urządzenia

_____

_____

_____

_____

Zapotrzebowanie na wodę

0% mniej [_____]

Instrukcja pielęgnacji

_____

_____

_____

_____

Instrukcja sadzenia

_____

_____

_____

_____

Uwagi dodatkowe

_____

_____

_____

_____

_____

_____

www.ingramcontent.com/pod-product-compliance
Lightning Source LLC
LaVergne TN
LVHW011959070526
838202LV00054B/4962